www.ingramcontent.com/pod-product-compliance
Lightning Source LLC
LaVergne TN
LVHW010304070426
835508LV00026B/3433
* 9 7 8 1 5 1 6 2 6 4 5 0 6 *